BEI GRIN MACHT SICH IHR
WISSEN BEZAHLT

- Wir veröffentlichen Ihre Hausarbeit,
  Bachelor- und Masterarbeit

- Ihr eigenes eBook und Buch -
  weltweit in allen wichtigen Shops

- Verdienen Sie an jedem Verkauf

Jetzt bei www.GRIN.com hochladen
und kostenlos publizieren

Hochkonfliktscheidungen. Das Phänomen von hoch strittigen Elternschaften

Katrin Geier

GRIN ☺

Bibliografische Information der Deutschen Nationalbibliothek:

Die Deutsche Nationalbibliothek verzeichnet diese Publikation in der Deutschen Nationalbibliografie; detaillierte bibliografische Daten sind im Internet über http://dnb.d-nb.de abrufbar.

ISBN: 9783346288141
Dieses Buch ist auch als E-Book erhältlich.

Das Buch bei GRIN: https://www.grin.com/document/949607

Universität Potsdam
Wirtschafts- und Sozialwissenschaftliche Fakultät

Verschriftlichung des Referates „Ursachen und Folgen von Hochkonfliktscheidungen"

Inhaltsverzeichnis

1. Einleitung

Nach wie vor gibt es keine gesicherten Daten darüber, wie viele Hochkonfliktscheidungen in Deutschland vorhanden sind. Nach Schätzungen von Dietrich und Paul (2012) ist davon auszugehen, dass jede 20. Scheidung bzw. Trennung hochkonflikthaft von statten geht. Dabei muss festgehalten werden, dass es sich hierbei um vorsichtige Schätzungen handelt. Es wird also angenommen, dass die Fallzahlen noch höher liegen können. Hochkonflikthafte Scheidungs- und Trennungsverläufe sind vor allem bei Familien mit Kindern gravierend. Denn dadurch sind nicht nur die erwachsenen Konfliktparteien, sondern vor allem deren Kinder teilweise über Jahre hinweg extrem stressreichen Situationen ausgeliefert. Vorrangig handeln die Konflikte über das Umgangsrecht der Kinder, welche ohne das Einschreiten der Familiengerichte nicht gelöst werden können. Dietrich und Paul sprechen in diesem Zusammenhang außerdem von einer wachsenden Anzahl von Eltern, die es nicht schaffen, im Zuge ihrer Trennung Konflikte möglichst schnell und dadurch für alle Beteiligten möglichst stressreduziert beizulegen. Dabei nehmen diese Scheidungs- und Trennungskonflikte 95 Prozent der spezifischen Beratungs- und Unterstützungsangebote sowie entsprechende juristische und gerichtliche Akteure/-innen und Institutionen in Anspruch, die bei Trennungs- und Scheidungsangelegenheiten aktiv sind. [1]

Für Deutschland existieren trotz einiger Forschungsprojekte, die seit den 2000er Jahren durchgeführt wurden, nach wie vor nur geringfügige wissenschaftliche Erkenntnisse über die Charakteristika des Phänomens Hochkonfliktscheidung und -Trennung sowie über entsprechende Präventions- und Interventionsansätze.[2] Vor allem für außergerichtlich beratende Akteurinnen und Akteure ist dieser Informationsmangel und der daraus resultierende Mangel an konkreten Verfahrensweisen im Umgang mit hochstrittigen Elternsystemen problematisch. Denn eine erfolgreiche Vermittlung oder Fortschritte hin zu einer Konfliktbeilegung werden dadurch erheblich erschwert. Hinzu kommt, dass durch fehlende Konzepte auch die psychische Belastbarkeit der Akteurinnen und Akteure in den Unterstützungs- und Beratungseinrichtungen erheblich in Anspruch genommen wird und Frustrationserlebnisse häufig sind.[3] Aufgrund des Mangels an adäquaten Strategien bei Hochstrittigkeit gehen die Beratungsfachkräfte häufig dazu über, vorhandene Konzepte zu regulären Scheidungskonflikten sowie paar- und familientherapeutische Konzepte, den persönlichen Erfahrungs- und Wissenshintergründen entsprechend zu modifizieren.[4] Dennoch bestehen hierbei Unsicherheiten. Dementsprechend sind auch aus deren Sicht wirksame Konzepte nötig, da sie eine bedeutsame Stütze im kompetenten Umgang mit hochstrittigen Familiensystemen darstellen.

Die vorliegende Arbeit wird zunächst die Merkmale und Definitionen von hochstrittigen Trennungen und Scheidungen darlegen und im Anschluss daran, die individuellen Merkmale der Eltern aufzeigen. Dadurch soll deutlich gemacht werden, dass bereits entsprechende individuelle und interpersonale Dispositionen einen hochkonflikthaften Trennungs- und Scheidungsverlauf begünstigen können. Schließlich folgt eine Hinwendung zu den betroffenen Kindern, die Folgen und Empfindungen, mit denen sie konfrontiert sind und zu den Strategien, die sie als Reaktion auf die gegebenen Umstände entwickeln. Abschließend wird dargelegt, welche Maßnahmen zur Entlastung der Kinder getroffen werden können.

---

[1] Dietrich/Paul, S. 13f.
[2] Ebd. S. 14.
[3] Vgl. Fichtner et al. S. 273.
[4] Vgl u.a. ebd. S. 227.

3

2. Definition und Merkmale

Da der Forschungsstand in Deutschland zu hochstrittigen Familiensystemen Lücken aufweist, beziehen sich die Definitionen und Kriterien von hochkonflikthaften Trennungen und Scheidungen vor allem auf Erkenntnisse der amerikanischen Scheidungsforschung, die in diesem Bereich bereits seit mehreren Jahrzehnten aktive Forschungsarbeit betreibt.

Hierbei muss vorweg klargestellt werden, dass die typischen Merkmale von Hochstrittigkeit bei Trennungen und Scheidungen in ihrer Intensität und ihrer Häufigkeit variieren. Daher sind kein einheitliches Bild und keine einheitliche Definition des Phänomens Hochstrittigkeit vorhanden. Und je nach Untersuchung können sich die Definitionsmerkmale von Hochkonflikthaftigkeit unterscheiden.

Janet R. Johnston (1999) hat als erste folgende Kriterien von Hochkonflikthaftigkeit in Verbindung mit Trennungen und Scheidungen formuliert:[5]

- Es herrscht ein kindzentrierter Rechtsstreit zwischen den Eltern vor. Dabei geht es vor allem um Sorge- und Umgangsrechtsansprüche. Es kommt häufig zu Wiederaufnahmen der gerichtlichen Verfahren, da die vorher getroffenen Regelungen und Vereinbarungen von einem oder beiden Konfliktparteien nicht eingehalten werden.

- Hinzu kommen fortdauernde Konflikte zwischen den Eltern bezogen auf Erziehungsfragen bzw. auf die Erziehung gemeinsamer Kinder. Dabei zeigen sich in der Kommunikation zwischen den Eltern sowohl verdeckte als auch offene Feindseligkeiten, Wut und Misstrauen. Durch Verleumdungen und Demütigungen wird außerdem versucht, den Konfliktpartner/-in emotional zu missbrauchen. Vor allem während der Übergabe der Kinder und dem daraus hervorgehenden direkten Kontakt zwischen den Konfliktparteien kommt es zu verbalen und physischen Attacken.

- Eine emotional positive Beziehung des Konfliktpartners zu den gemeinsamen Kindern findet keine Akzeptanz. Damit einher geht häufig, dass dem anderen Elternteil gegenüber teils schwerwiegenden Anschuldigungen gemacht werden, die sich auf sein Erziehungsverhalten beziehen bzw. auf Verhaltensweisen, die das Kindeswohl gefährden würden. So beispielsweise psychischer und physischer Missbrauch und Gewalt oder Suchtverhalten.

- Schließlich werden die gemeinsamen Kinder in die Konflikte mit involviert, gleichzeitig geht der Blick für die Bedürfnisse der Kinder verloren.

Da die Definitionskriterien von Johnston sehr umfassend sind und nicht alle hochkonflikthaften partnerschaftlichen Trennungsbeziehungen diese Merkmale aufweisen, empfehlen Dietrich und Paul den 2004 von den Psychologinnen Alicia M. Homrich, Michelle Muenzenmeyer-Glover und Alice Blackwell-White entwickelten Definitionsansatz:[6]

Darin besteht Hochstrittigkeit, wenn trotz wiederholter Zuhilfenahme juristischer und gerichtlicher Institutionen

- die zwischen den Eltern bestehenden emotionalen Probleme klar im Vordergrund liegen,

---

[5] Vgl. Dietrich et al. (2010), S. 11.
[6] Vgl. Dietrich/Paul S. 15.

- bei einem oder beiden Partnern keine Bereitschaft oder die Unfähigkeit vorhanden sind, auch kleinere Konflikte, die auch autonom zu regeln wären, ohne Zuhilfenahme der Gerichte zu lösen,

- es die Eltern nicht schaffen, ihre gemeinsamen Kinder von den Paarkonflikten fernzuhalten bzw. diese in die Konfliktsituationen involvieren und versuchen die Eltern-Kind-Beziehung des Konfliktpartners zu belasten und zu beschädigen. Außerdem, wenn die Kinder dadurch potenziell physische und psychisch-emotionale Beeinträchtigungen und Schäden erleiden,

- wiederholte Anstrengungen unternommen wurden, die Konflikte durch außergerichtliche Interventionsformen wie Beratung und Meditation beizulegen, erfolglos blieben.

3. Individuelle Merkmale der Eltern

Jörg Fichtner, Peter S. Dietrich, Maya Halatcheva, Ute Hermann und Eva Sandner konnten im Zuge des Forschungsprojektes „Kinderschutz bei hochstrittiger Elternschaft" sechs Persönlichkeitseigenschaften und Verhaltensweisen feststellen, die sie als typisch für die Konfliktpartner in hochstrittigen Trennungs- und Scheidungsfamilien herausstellten:[7]

- Das erste Merkmal ist eine „reduzierte Offenheit für neue Erfahrungen": Die hochstrittigen Elternteile, zeigten in der Untersuchung zu einem großen Teil ein nur sehr geringes Interesse, sich auf neue Erfahrungen, Eindrücke und Erlebnisse einzulassen. Ihre Ansichten waren eher traditionell und konservativ geprägt.

- Als weiteres Merkmal wurde eine „reduzierte Verträglichkeit" deutlich: Die untersuchten hochstrittigen Elternteile zeigten in auffallend geringerem Maße Persönlichkeitsmerkmale wie Vertrauen, Kooperationsfähigkeit und Nachgiebigkeit. Sie neigten also eher zu Misstrauen, distanziertem und kritischen Verhalten.

- Eine „als gering erlebte Selbstwirksamkeit in der Elternbeziehung" stellt ein weiteres Merkmal von hochstrittigen Elternteilen dar: Eine zu gering erlebte Selbstwirksamkeit verursacht bei den jeweiligen Elternteilen in Konfliktsituationen ein Gefühl des Ausgeliefertseins gegenüber dem Partner und der Situation. Handlungsspielräume werden nicht oder kaum wahrgenommen, Handlungsmöglichkeiten werden als gering eingeschätzt und ein Gefühl der Hilflosigkeit ist verstärkt vorhanden.

- Die Väter und Mütter in hochstrittigen Trennungs- und Scheidungsbeziehungen verfügten außerdem vermehrt über „unflexible Denkstrukturen": Diese zeigten sich in Konfliktsituationen vor allem durch eine starke Rigidität in ihrem Denken und ihrem Handeln. Fichtner et al. beobachteten dieses Muster vor allem bei Vätern. Diese waren seltener in der Lage, sich in das Verhalten ihrer Expartnerin hineinzuversetzen sowie die Bedürfnisse der Kinder wahrzunehmen, da sie an eigenen Sichtweisen und Feindbildern starr festhielten.

- Außerdem wurden „Wahrnehmungsverzerrungen" bei den Konfliktparteien deutlich: Dabei nehmen sich die Elternteile in dem konflikthaften Beziehungsgefüge und den

---

[7] Fichtner et al. S. 13f.

Konsequenzen, dass es mit sich bringt, verstärkt als Opfer war. Hinter jedem Agieren und Reagieren des Konfliktpartners/der Konfliktpartnerin wird eine Schädigungsabsicht gesehen. Fichtner et al. beobachteten dabei ein ‚Schwarz-Weiß-Wahrnehmungsmuster', das sich in der Form ausdrückte, dass sich der eine Konfliktpartner/-in selbst als kompetenter und erziehungsfähiger wahrnahm, wohingegen das Gegenüber negativ, unfähig und schädigend ist.

– Schließlich waren die Konfliktpartner in Hochstrittigkeitskonstellationen nicht in der Lage ihre trennungsbedingten Gefühle in erforderlicher Weise zu regulieren. Sichtbar wurde dies darin, dass die Konfliktparteien ihre negativen Emotionen, die durch die Trennung entstanden sind, weiter, in spätere Konfliktsituationen hineinbrachten und dort auszutragen versuchten. Diese Form der Bewältigung, deutet auf nur mangelhaft vorhandene adäquate Bewältigungsstrategien im Falle negativ erlebter Emotionen hin.

4. Ursachen und Entstehungsbedingungen

Hochstrittige Trennungs- oder Scheidungsprozesse sind, wie bereits beschrieben, eine über längere Zeit fortdauernde extreme Belastung für alle Beteiligten. Doch auch bereits bei weit weniger eskalierten Trennungsprozessen, stellt der Verlust eines Partners/einer Partnerin meist einen tiefgreifenden Einschnitt dar: Lebensperspektiven verändern sich oder werden verloren geglaubt. Dementsprechend stark geht der Schritt der Trennung mit einer psychischen Instabilität, dem Verlust des Selbstwertes und Ängsten einher. Dennoch können gewisse Persönlichkeitseinschränkungen und individuelle Wahrnehmungs- und Erlebensmuster diese als krisenhaft empfundene Lebenssituation nachhaltig negativ beeinträchtigen, Krisen für alle Beteiligten verstärken und Eskalationen befördern.

Unterschiedliche Forschungsarbeiten haben dabei folgende individuelle Besonderheiten betont, die in Trennungsprozessen eskalationsbeschleunigend wirken können:[8]

– Die Unfähigkeit einer *emotionalen Ablösung* vom Partner/der Partnerin soll eine tiefgreifendere Wirkung bei eskalierten Trennungen und Scheidungen besitzen als eine wahrgenommene Feindseligkeit gegenüber der Partnerin/dem Partner. Dementsprechend verfügen hochstrittige Trennungen in weit stärkerem Maße über emotionale Tiefen als Scheidungs- und Trennungsprozesse auf einem funktionalen Niveau. Es ist also davon auszugehen, dass bei tiefgreifend emotionalen Bindungen eskalierende Trennungsprozesse wahrscheinlicher sind.

– Einen weiteren Einflussfaktor stellen *intrapsychische Bewältigungsformen* dar: Aufgrund bestimmter kognitiver Verarbeitungsmuster, werden Problematiken und Familienrechtsstreitigkeiten, die mit der Trennung einhergehen, von den in der Trennung befindlichen Akteuren als sehr schwerwiegend, bedrohlich und stressreich empfunden. Durch die familien- und kindschaftsrechtlichen Auseinandersetzungen wird einerseits eine Schädigung erfahren, die andererseits Unsicherheiten und Ängste auslöst. Aufgrund mangelnder Bewältigungsstrategien und –Fähigkeiten, die diese Unsicherheiten und Bedrohungen mindern könnten, werden spezifische Angstabwehrmechanismen eingesetzt. Diese Angstabwehrmechanismen bewirken, dass vorrangig nur noch negative In-

---

[8] Dietrich/Paul, S. 16ff.

formationen zum ehemaligen Partner/Partnerin abgerufen und wahrgenommen werden. Dadurch wird subjektiv eine Minderung der Bedrohung erwirkt, die aber lediglich nur von kurzzeitiger Dauer ist. Vor allem bei psychisch und emotional instabilen Personen, bei Personen mit mangelndem Selbstbewusstsein und/oder nicht verarbeiteten vergangenen Enttäuschungen kommen diese Verhaltensmuster zum Tragen.

Abwehrmechanismen, die hierbei zur Anwendung kommen sind:

- Formen der *Verdrängung* positiver Erlebnisse mit dem ehemaligen Partner/Partnerin in der Vergangenheit, um das negative Bild von diesem/-r stimmig halten zu können;

- Eigene Gefühle wie Missgunst werden auf den Partner/Partnerin projiziert (*Projektion*);

- Häufig kommt es auch zu *Rationalisierungen*. Vor allem gegenüber außerfamiliären Akteuren wie Richter/-innen und Anwälten/Anwältinnen machen die Elternteile von Scheinbegründungen Gebrauch, um von tatsächlichen persönlichen Empfindungen und Intentionen abzulenken. So wird der Konfliktpartner/-in als erziehungsunfähig dargestellt, um einen geminderten Umgang zu den Kindern zu erwirken. Wobei allerdings die Angst, die Beziehung zum gemeinsamen Kind durch den Einfluss des Ex-Partners/der Ex-Partnerin zu verlieren der eigentliche Grund eines solchen Bemühens darstellt.

– Wie bereits betont gehen die Konfliktparteien häufig dazu über, dem anderen Elternteil ausschließlich negative und als absolut geltende Zuschreibungen zu machen. Bei der Anwendung dieser sogenannten dysfunktionalen *Attributionsmuster* wird dabei aber auch gleichzeitig das eigene Handeln als positiv hervorgehoben sowie, aufgrund des vorhergehenden Handelns des/der anderen, das eigene Verhalten als alternativlos beschrieben. Dieser Mechanismus soll dazu dienen, das eigene Selbst zu stärken und ein positives Bild der eigenen Person zu wahren. Sowie auch dazu, Verantwortlichkeiten zur Konflikteskalation und -lösung allein in die Hände des Konfliktpartners/der Konfliktpartnerin zu geben. Es kommt also zu einer Verschiebung des Beziehungsproblems zu einem allein beim Konfliktpartner/bei der Konfliktpartnerin liegenden Problem, das nur von ihm/ihr selbst gelöst werden kann. Meinungen von Außen, beispielsweise von Verwandten, Richter/-innen oder Berater/-innen, die diesem Muster widersprechen werden negiert oder bagatellisiert, um nicht von der eigenen Haltung abrücken zu müssen.

Diese Attributionsmuster verursachen bei den Personen schließlich, dass aktuell auftretende Ereignisse in irrationaler und realitätsverzerrender Weise wahrgenommen und bewertet werden. Die Elternteile gehen dazu über, ihre Meinungen, Ansichten und Überzeugungen vom Ex-Partner zu Absolutisieren, zu Übergeneralisieren und zu Katastrophieren. Dies wiederum verursacht eine weitere Verschärfung der gegenseitigen Konfliktsituation. Denn neben der gegenseitigen Steigerung negativer Überzeugungsmuster kommt hinzu, dass der Ex-Partner/die Ex-Partnerin mehr und mehr als Bedrohung wahrgenommen wird, was wiederum das Bestreben nährt, die Kontrolle über die Situation zu bekommen oder aufrechtzuerhalten. Dadurch kommt eine Spirale in Gang, worin beide Konfliktpartner nicht zu Zugeständnissen bereit sind und starr und unnachgiebig in ihren Positionen verharren.

– Neben individuellen, können auch interpersonale Besonderheiten einen hochstrittigen Trennungsverlauf begünstigen: So zeigte sich in einer Untersuchung von Matthias Weber (2000), dass in der Vergangenheit *ungelöste Paarkonflikte* häufig innerhalb von Hochkonfliktscheidungen und –trennungen fortgeführt werden. In diesem Zusammenhang wurden vor allem unterschiedliche Erziehungsauffassungen als konfliktverschärfende Faktoren sichtbar, da beide Konfliktparteien versucht sind, ihr Erziehungskonzept durchzusetzen und das des Ex-Partners/der Ex-Partnerin zu negieren und zu unterbinden. Dementsprechend heftige gegenseitige Angriffe und Unternehmungen werden in Gang gesetzt sowie entsprechende Verletzungen und Aggressionen verursacht.

Schwerwiegend wirken in diesem Zusammenhang auch bereits in der Paarbeziehung erfahrene Kränkungen und Verletzungen. Durch die daraus hervorgegangenen Ängste, wird versucht einem Wiederholen der Verletzungen entgegenzusteuern. Kooperationen und ein Aufeinander zugehen der Eltern finden daher nicht statt.

— Der *Kommunikationsstil* der Konfliktparteien trägt schließlich ebenfalls zur Konfliktverschärfung und –eskalation bei: Dabei verlaufen die interpersonalen Kommunikationsmuster zwischen den Konfliktparteien symmetrisch. Beide Seiten weisen widersprüchliche Darstellungen von Ereignisabläufen auf und verteidigen ihr Verhalten als Reaktion auf das vorausgegangene Verhalten der Gegenpartei. Wobei die Emotionen sehr aufgeladen und Ängste so stark sind, dass das Verhalten der Gegenpartei sehr schnell als in höchstem Maße unangemessen und als Provokation wahrgenommen wird. Entsprechend heftige Reaktionen scheinen somit erforderlich und plausibel. Dadurch wird das Konfliktklima wiederum zunehmend und fortlaufend angeheizt.

Gabriele Kunkel (1997) konnte anhand ihrer Untersuchung deutlich machen, dass der Kommunikationsverlauf innerhalb hochstrittiger Eltern nicht mehr auf der Inhalts- sondern vorrangig auf der Beziehungsebene von statten geht. Die Klärung von Differenzen findet nicht mehr auf konstruktive Weise auf sachlicher Ebene statt, sondern Beziehungsaspekte sind unentwegt dominierend. Dabei sind Sichtweisen und Standpunkte der Konfliktparteien nicht mehr nur entgegengesetzt, sondern zunehmend wird versucht, den Standpunkt des Gegenübers durch aktives Bestreben zu widerlegen und die Richtigkeit des eigenen Standpunktes durch überzeugend dargebrachte Begründungen hervorzuheben. Es findest also eine Verschiebung von einer rein gegenteiligen Sicht der Konfliktpunkte, die eine Kompromissfindung ermöglichen könnte, zu konkurrierenden Positionen statt. Dies führt häufig dazu, dass das Gegenüber kleingeredet und herabgewürdigt wird. Dies wiederum macht eine Annäherung der Konfliktparteien noch unwahrscheinlicher.

Matthias Weber betont dabei auch eine Verschiebung von Konflikten von der Paarebene auf die Elternebene: Wesensarten und Verhaltensweisen, die in der Paarbeziehung zu Konflikten geführt haben und an denen sich der Ex-Partner/die Ex-Partnerin in der Paarbeziehung gerieben hat, werden auf die Elternebene verlagert. War beispielsweise der Partner/die Partnerin häufig aus oder hatte wenig Zeit für die Beziehung wird gleichzeitig damit argumentiert, er/sie würde diese Eigenarten auch im Umgang mit den Kindern nicht beilegen können und würde deshalb nicht die erforderlichen elterlichen Pflichten erfüllen.

Abschließend muss bei diesem Punkt angemerkt werden, dass die dysfunktionalen Kommunikationsformen meist nicht erst im Trennungsfall auftreten, sondern bereits vorher in der Paarbeziehung fundamentalen Bestand hatten und eine adäquate Konfliktlösung und Kooperation zwischen den Partnern verhindert hat. Die zu einem Muster entwickelten Kommunikationsstörungen sind also häufig nicht nur ursächlich für das Es-kalieren der Trennungssituation, sondern auch für das Scheitern der Beziehungen.

5. Risiken und Folgen für die Kinder

Trennungs- und Scheidungsprozesse stellen für alle familiär Beteiligten eine kritische Lebens-phase dar, die mit starken Veränderungen einhergeht. Mit der Zeit ist es den meisten betroffe-nen Familien respektive den einzelnen Familienmitgliedern dennoch möglich, sich diesen Ver-änderungen innerhalb weniger Jahre anzupassen. Solche meist intensiven Anpassungsprozesse an die neue Familienwirklichkeit sind aber aufgrund der Langwierigkeit von Hochkonflikttren-nungen/ bzw. −scheidungen für die Betroffenen kaum möglich. So setzen sich permanente An-feindungen und Auseinandersetzungen der Eltern, wiederkehrende gerichtliche Verfahren auf-grund von Unterhalts- und Finanzleistungen oder Umgangsregelungen über Jahre hinweg fort und begleiten die betroffenen Kinder teilweise über ganze Lebensphasen.

Aus diesem dauerhaften Spannungszustand können gravierende individuelle Entwicklungsstö-rungen resultieren: Die Psychologin Prof. Dr. Sabine Walper konnte zeigen, dass Elternkonflikte zu den Faktoren mit der höchsten Vorhersagekraft für kindliche Fehlentwicklungen zählen. Dementsprechend kann das Konfliktverhalten der Eltern die von ihren Kindern benötigten Res-sourcen zur Lebensgestaltung sowie zu einer erfolgreichen Entwicklung in erheblichem Maße beeinträchtigen. Die Belastungen der Kinder im Zuge einer Trennung oder Scheidung der Eltern beruhen also vorrangig nicht auf dem Ereignis an sich, sondern zu einem erheblichen Teil auf ein fortgesetztes und permanent vorhandenes destruktives Konfliktverhalten der Eltern. Dabei sind Kinder und Jugendliche, die sich in Transitionsphasen befinden, wie beispielsweise dem Übergang von der Kita zur Schule oder zum Berufsleben, besonders gefährdet. Denn diese Pha-sen sind für sich alleine bereits durch starke individuelle Verunsicherungen gekennzeichnet und die Schwierigkeit ihrer Handhabung wir durch die zusätzlichen gravierenden Belastungen, die die Hochstrittigkeit der Eltern verursacht, abermals verstärkt.[9]

Anhand einer von Dietrich und Paul (2007) durchgeführten Meta-Analyse wurden zahlreiche, teils gravierende Folgen anhaltender Elternkonflikte auf die kindliche Entwicklung identifiziert. Es kann dabei zwischen internen, familialen und außerfamilialen Effekten unterschieden wer-den:[10]

- So wurden *internalisierende Effekte* wie Ängstlichkeit, Depressivität und Rückzug, aber auch *nach außen gerichtete Verhaltensprobleme* wie Aggressionen und delinquentes Verhalten festgestellt. Dabei wird in diesem Zusammenhang besonders auf Kinder hin-gewiesen, die sich „auffällig unauffällig", also besonders ruhig verhalten. Denn trotz ih-res stabilen Eindrucks, ist ihr inneres Erleben teils hochbelastet.[11] Zu den bereits be-schriebenen Effekten, kommen ein *geringes Selbstwertgefühl und Selbstwirksamkeitser-leben*, Probleme bei der *Emotionsregulation* sowie *inadäquate Coping-Strategien*, die eine angemessene Bewältigung von Stresserlebnissen und Problemen erschweren oder verhindern.

---

[9] Vgl. u.a. Dietrich/Hermann, S. 5ff. sowie Fichtner et al. S. 146.
[10] Vgl. Dietrich/Hermann, S. 6.
[11] Vgl. Dietrich et al. S. 23.

- Familiale Effekte zeigten sich in der Form, dass die Qualität der Eltern-Kind-Beziehung vermehrt *negative Interaktionen* aufwies. Außerdem wurden häufig *Parentifizierungen*, also eine Umkehr der Eltern-Kind-Rollen und somit eine Verantwortungsverschiebung beobachtet. Dabei erwartet die elterliche Bezugsperson, dass das Kind Teile der elterlichen oder großelterlichen Rolle, oder die Rolle des Beziehungspartners einnimmt. Dadurch übernimmt das betroffene Kind nicht alters- bzw. kindgerechte Versorgungs- und Unterstützungsaufgaben, wie beispielsweise übermäßig viele Arbeiten im Haushalt oder die Rolle des Trösters und Beistehenden.[12] Diesen Effekt konnten auch Fichtner et al. in dem Forschungsprojekt „Kinderschutz bei hochstrittiger Elternschaft" ermitteln. Dabei wurde durch die Befragung von Kindern deutlich, dass diese darunter litten, wenn die Eltern versuchten, mit den Kindern ihre persönlichen emotionalen Belastungen zu teilen und deren Beistand erwarteten und einforderten.[13]

  Hinzu kommen *Loyalitätskonflikte*, die die Kinder belasten. Die Kinder und Jugendlichen fühlen sich bzw. werden häufig zu einer Positionierung im elterlichen Konflikt gedrängt. Da sie aber keinen der beiden Elternteile enttäuschen, verletzten oder gar verlieren möchten, entstehen Loyalitätskonflikte und ein fortdauernder Balanceakt zwischen den elterlichen Polen. Schließlich zeigen die betroffenen Kinder auf familialer Ebene häufig ein *unsicheres Bindungsverhalten*.[14]

- Auf außerfamilialer Ebene konnten Paul und Dietrich in ihrer Metauntersuchung *ein auffälliges Sozialverhalten* sowie soziale Probleme in der Beziehungsgestaltung mit Peer-gruppen feststellen. Außerdem zeigten die Untersuchungsergebnisse, dass die betroffenen Kinder häufig eine *geminderte akademische Leistungsfähigkeit* und schuldistanziertes Verhalten aufweisen.

Dietrich und Hermann konnten überdies ermitteln, dass Kinder aus hochkonflikthaften Familiensystemen übermäßig häufig über ein höheres Stresserleben, physische sowie psychosomatische Belastungen, Beeinträchtigungen der Identitäts- und Persönlichkeitsentwicklung sowie eine erhöhte Wahrscheinlichkeit von anhaltenden psychischen und psychosomatischen Belastungen verfügen.[15]

Durch die intensive Inanspruchnahme der kindlichen psychisch-emotionalen Ressourcen durch hochkonflikthafte (Nach-) Trennungsphasen, werden zudem individuelle Entfaltungsmöglichkeiten beschränkt. Andererseits geht häufig der Bezug zur eigenen Bedürfnislage und zum eigenen Befinden verloren, da sich die betroffenen Kinder vorrangig mit den elterlichen Bedürfnissen beschäftigen.[16]

Eine weitere gravierende Konsequenz der elterlichen hochstrittigen Trennungsbeziehung ist, dass die betroffenen Kinder eine Entfremdung durch den geminderten Kontakt oder gar einen Kontaktabbruch zu einem Elternteil erfahren. Dies wiederum kann massive Loyalitätskonflikte sowie Schuldgefühle und emotionale Belastungen mit sich bringen.

---

[12] Vgl. u.a. Kindler. Deutsches Jugendinstitut DJI. Online unter: http://db.dji.de/asd/4.htm sowie Fichnter et al. S. 140f.
[13] Vgl. Fichtner et al. S. 142 sowie Dietrich/Hermann, S. 12.
[14] Vgl. u.a. ebd. S. 140 ff.
[15] Vgl. Fichtner/Hermann, S. 7ff.
[16] Vgl. Fichtner/Hermann, S. 14.

Kinder, die in dem Forschungsprojekt als besonders belastet wahrgenommen wurden, wiesen darüber hinaus eine besonders hohe emotionale Erregbarkeit auf, sie hatten ein größeres Bedürfnis der Ich-Durchsetzung, litten verstärkt unter Trennungs- und Verlustängsten, nahmen sich selbst als vermindert wertgeschätzt war und nahmen hingegen andere Kinder positiver wahr als sich selbst. Außerdem zeigten sie ein geringeres Verbundenheitsgefühl zu ihren Eltern und wurden teils durch oppositionelles und aggressives Verhalten auffällig.[17]

Zu den Folgen für die betroffenen Kinder resümieren Fichtner et al.: „Kinder in hochkonflikthaften Familiensituationen werden durch die negativen Auswirkungen der Hochstrittigkeit ihrer Eltern, verbunden mit den daraus resultierenden Belastungen, in wesentlichen Bereichen der Persönlichkeitsentwicklung massiv beeinträchtigt und in ihrer individuellen Entfaltung gestört."[18]

6. Erleben und Empfinden der Kinder und Jugendlichen

Von 2007 bis 2010 wurde vom Deutschen Jugendinstitut (DJI), vom Institut für angewandte Familien- Jugend- und Kindheitsforschung (IFK) und von der Bundeskonferenz für Erziehungsberatung (bke) das Forschungsprojekt „Kinderschutz bei hochstrittiger Elternschaft" durchgeführt. Der Schwerpunkt des Forschungsprojektes lag darin, die Perspektive der von hochstrittigen Trennungsprozessen betroffenen Kinder zum Trennungsgeschehen ihrer Eltern zu erfassen.

Von 29 qualitativ und quantitativ befragten Kindern zwischen 7 und 14 Jahren zeigten sich 15 Kinder als hoch belastet.

Insbesondere sie berichteten über ein *hilfloses Gefühl* des Ausgeliefertseins gegenüber dem elterlichen Konfliktgeschehen in der Nachtrennungsphase. Dabei wurde die Unversöhnlichkeit der Eltern als Dauerzustand wahrgenommen und von den befragten Kindern als besonders belastend empfunden. Denn die Kinder sahen einerseits keine bzw. kaum Möglichkeiten auf das Konfliktgeschehen positiv Einfluss zu nehmen. Und sie empfanden andererseits keine Möglichkeit des Ausweichens, der Entspannung bzw. des Heraustretens aus den elterlichen Konflikten. Denn alternative Rückzugsräume, die autonom aufgesucht werden und ein Gefühl der Sicherheit bieten könnten, sind schlichtweg meist nicht vorhanden. Fichtner et al. betonen hierbei ebenfalls die *Isolation* und *Einsamkeit*, die die Kinder bei der Konfrontation und Bewältigung dieser Situation erfahren. Denn kaum eine Person im nahen Umfeld kann das innere, aber auch äußere Erleben des Kindes nachempfinden. Selbst Geschwister, die im zeitlichen Umfang genauso mit den elterlichen Konflikten belastet und emotional ähnlich in das familiäre System eingebunden sind, haben meist andere Rollen inne, verfügen über andere emotionale oder soziale Ressourcen und erleben die Konfliktsituationen deswegen unterschiedlich.[19]

Die Kinder befinden sich außerdem häufig in einer *permanenten emotionalen Spannung*, denn die mangelnde Kommunikation zwischen den Eltern über die Belange des Kindes führen häufig dazu, dass über das Kind Informationen erfragt bzw. über das Kind Informationen übermittelt werden. Dementsprechend wird das Kind in die Rolle eines Mittlers zwischen den Fronten gedrängt. Hieraus folgen nicht selten Loyalitätskonflikte und Zerrissenheitsgefühle, wie sie bereits

---

[17] Vgl. ebd. S. 14f.
[18] Fichtner et al. S. 170f.
[19] Vgl. ebd. S. 211.

oben ausgeführt wurden. Dabei erschwert und verschärft sich die Situation für das Kind zunehmend, wenn von einem oder beiden Elternteilen von dem Kind verlangt wird, als Komplize einzustehen und/oder die elterlichen emotionalen Belastungen zu teilen. Die betroffenen Kinder fühlen sich dadurch häufig zur einseitigen Unterstützung oder zur Parteinahme gedrängt. Dabei sind sie nicht in der Lage und fühlen sich nicht in der Lage diesen Ansprüchen gerecht zu werden.[20]

Schließlich kommt hinzu, dass sich die Kinder selbst als *Auslöser für die elterlichen Konflikte* verantwortlich sehen: Diese Wahrnehmung wird in der Form genährt, da sich die elterlichen Konflikte meist auf beispielsweise Umgangsregelungen/ -einhaltungen, Unterhaltszahlungen oder das Erziehungsverhalten richten. Also auf Angelegenheiten, die das Kind direkt oder indirekt betreffen und dementsprechend häufig betrachten sich die Kinder selbst als Konfliktinhalt.[21]

Daraus ableitend, fühlten sich die Kinder im Forschungsprojekt „Kinderschutz bei hochstrittiger Elternschaft" belastet, wenn Umgangsregelungen nicht kindgerecht und konsistent gestaltet waren und dadurch die elterlichen Konflikte immer wieder angefacht wurden.[22]

Neben dem Aspekt, dass sich die Kinder häufig allein, isoliert und ausgeliefert im elterlichen Konfliktgeschehen fühlen, haben sie außerdem häufig das *Gefühl einer eingeschränkten Unterstützung* der Eltern ihren eigenen, kindlichen Bedürfnissen gegenüber. Das Forschungsprojekt konnte darüber hinaus deutlich machen, dass sich die betroffenen Kinder zudem von den Eltern weniger wertgeschätzt fühlten. An dieser Stelle muss allerdings angemerkt werden, dass Forschungsergebnisse auch aus vorherigen Studien gezeigt haben, dass Eltern in solchen hochkonfliktreichen (Nach-)Trennungsphasen häufig nur begrenzt in der Lage sind, die Interessen ihrer Kinder wahrzunehmen bzw. sich auf die Bedürfnisse ihrer Kinder einzulassen. In der Studie „Kinderschutz bei hochstrittiger Elternschaft" hatten hierzu die befragten Fachkräfte eine sehr negative Einschätzung: Dort wurde für ein Drittel der Eltern, die sich in hochstrittigen (Nach-)Trennungsphasen befanden, konstatiert, nicht in der Lage zu sein, den Bedürfnissen ihrer Kinder entsprechen zu können.[23]

Einen weiteren Punkt, der in dem Forschungsprojekt deutlich wurde, ist die von den Kindern erlebte *Inkonsistenz im Erziehungsverhalten* der Eltern: Dabei wurden Väter als wenig unterstützend und Mütter als wenig verlässlich und berechenbar erlebt.[24] Schließlich wurden in der Studie ebenfalls *Parentifizierungstendenzen*, verstärkt von Seiten der Mütter wahrgenommen. An dieser Stelle soll aber vermerkt werden, dass eine Parentifizierung nicht zwangsweise von den Eltern ausgehen muss, sondern eine Rollenumkehr zwischen Elternteil und Kind kann auch von den Kindern und Jugendlichen selbst bestärkt bzw. aufrechterhalten werden. So kann aufgrund eines sehr stark ausgeprägten Verantwortungs- und Pflichtgefühls gegenüber dem jeweiligen, für bedürftig empfundenen Elternteil eine Erwachsenenrolle übernommen werden. Dieses Verantwortungsgefühl kann wiederum zu einem Sich-Nicht-Trennen-Wollen, zu Klammern und zu Ängsten um den betreffenden Elternteil führen.[25]

Stark belastet waren die befragten Kinder auch, wenn ein Elternteil mit dem Auskommen des Kindes mit dem anderen Elternteil nicht zurechtkam oder das Kind dahingehend Signale deutete, es zwischen den Eltern zu gewalttätigen Auseinandersetzungen gekommen ist und – wie

---

[20] Vgl. ebd. 158ff.
[21] Vgl. Dietrich/Hermann, S. 9.
[22] Vgl. ebd. S. 13.
[23] Vgl. Fichtner et al. S. 203.
[24] Vgl. Dietrich/Hermann, S. 11.
[25] Vgl. ebd. S. 13.

bereits durch andere Studien deutlich wurde – wenn die Eltern(-teile) ihre emotionalen Belastungen mit dem Kind teilen wollten und deren Unterstützung einforderten.[26]

Abschließend ist es wichtig zu betonen, dass das individuelle Belastungserleben des Kindes entscheidend ist, hinsichtlich der Ausprägung möglicher Folgen und Effekte. Denn je nach dem, wie ein Kind, das von elterlicher Hochstrittigkeit betroffen ist, die kritischen Ereignisse bewertet, kommt es zum Einsatz entsprechender Anpassungsstrategien. Die Bewertung der Hochkonflikthaftigkeit in ihrer Wirkung auf die betroffenen Kinder, kann somit nur nachrangig von Seiten der Eltern oder anderer Akteure wie Richter/-innen, Sozialpädagogen/-innen und Psychologen/-innen erfolgen. Die kindliche Perspektive muss also bei der Gestaltung der Interventionsangebote dringend berücksichtigt werden.[27]

7. Kindliche Strategien

Die Hochstrittigkeit zwischen Eltern und die mit ihr verbundenen stressintensiven Belastungen, ermöglicht es diesen – wie bereits erwähnt – meist nur eingeschränkt auf die Bedürfnisse ihrer Kinder einzugehen oder diese überhaupt wahrzunehmen. Je nach Dauer dieses Zustandes empfinden die betroffenen Kinder dadurch eine Einschränkung ihrer emotionalen Sicherheit.

Als eine Konsequenz daraus – so Dietrich und Herman, mit Verweis auf die Forschungsarbeiten von Heinz Kindler – entwickeln die Kinder sogenannte *bedingte Bindungsstrategien*. Diese sollen zur Stärkung, respektive zum Erhalt eines möglichen Maximums an emotionaler Sicherheit beitragen: Um sich die Zuneigung des jeweiligen Elternteils zu sichern, passen sich die Kinder somit an die Erwartungen und Befürchtungen des jeweiligen Elternteils, gegenüber seines Ex-Partners/der Ex-Partnerin an. Allerdings besteht die Gefahr, dass um so länger der Konflikt anhält, das betroffene Kind eine *vollständige Distanzierung* vom Elternkonflikt sucht und als Konsequenz daraus, den getrenntlebenden Elternteil ganz meidet. Dadurch soll erwirkt werden, dass weitere innere emotionale Konflikte und Spannungen verringert werden.[28]

Eine ähnliche Strategie wird auch im Falle von nicht kindgerechten und unklaren Umgangsregelungen von den Kindern angewandt. Auch in diesem Fall, sind vollständige Kontaktabbrüche besonders häufig zu verzeichnen. Wahrscheinlich versuchen die betroffenen Kinder, durch diese resulute Strategie, weitere Spannungen zu verringern, respektive sich aus den Spannungs- und Zerrissenheitsgefühlen zu befreien.[29]

Schließlich kann es auch zu einer *Instrumentalisierung des Elternkonfliktes* von Seiten des Kindes kommen: Dabei versuchen die Kinder manipulativ durch Parteinahme innerhalb des Elternkonfliktes zu agieren. Dadurch sollen materielle und immaterielle Vorteile wie Zuneigung, Anerkennung oder mehr Freiraum erlangt werden. Das Erreichen einer solchen Machtposition sowie damit verbundene Gestaltungsmöglichkeiten, verschaffen den Kindern allerdings meist nur kurzfristige Erleichterungen. Langfristig sind durch eine solche, für das Kind erfolgreich scheinende Strategie, negative Folgen für die eigene Persönlichkeitsentwicklung sehr wahrscheinlich. Denn durch diese Strategie lernen die Kinder Beziehungen zu manipulieren und eine Aus-

---

[26] Vgl. u.a. Fichtner et al. S. 142.
[27] Vgl. Dietrich/Hermann, S. 10.
[28] Vgl. ebd. S. 11.
[29] Vgl. u.a. Fichtner et al. S. 160f.

bildung konstruktiver Fähigkeiten zur Beziehungsgestaltung und Konfliktlösung werden ge-
hemmt.[30]

8. Elternverantwortung und Schutzfaktoren

Wie bereits ausgeführt, haben die Eltern-Kind-Beziehung, das elterliche Erziehungsverhalten,
sowie das Elternverhalten erheblichen Einfluss auf das Befinden des Kindes. Dementsprechend
ist es den Eltern möglich, mit angemessenem Verhalten die Negativeffekte einer Hochkonflikt-
Trennung für das Kind zu reduzieren:[31]

— Bei der Eltern-Kind-Beziehung ist es daher wichtig, sich darum zu bemühen, die Belange
und Bedürfnisse des Kindes wahrzunehmen, darauf einzugehen und somit emotionale
Sicherheit zu erwirken.

— Darüber hinaus sollten die Eltern darum bemüht sein, das elterliche Erziehungsverhalten
konsistent, mit klaren Grenzen und der Vermittlung von Rückhalt und Unterstützung zu
gestalten.

— Die Elternteile sollten trotz der vorherrschenden Probleme mit dem Ex-Partner/der Ex-
Partnerin dazu angehalten sein, klare Umgangsregelungen zu treffen, da, wie bereits beschrieben, permanente Konflikte über das Umgangsrecht die Kinder nachhaltig belasten
können.

— Desweiteren ist eine konstruktive Kommunikation zwischen den Eltern über ihre Belange von hoher Wichtigkeit. Es bedarf in diesem Zusammenhang einer kompetenten und
verantwortlichen Trennung der Eltern- und Paarebene. Dadurch wird vermieden, die
Kinder als Mittler zu missbrauchen. Durch eine adäquate Kommunikation zwischen den
Eltern ist es möglich, die Kinder vor einem Balanceakt zwischen hochemotionalisierten
Fronten zu bewahren und sie von den elterlichen Belangen, Problemen und Bedürfnissen fernzuhalten. Oder kurz: Eine kindgerechte Eltern-Kind-Beziehung zu gewährleisten.

Im Falle einer so dauerhaft und stressintensiven familiären Phase der Hochstrittigkeit, scheinen
Schutzfaktoren für die betroffenen Kinder unabdingbar. Schutzfaktoren können in solchen Pha-
sen einerseits stärkend und stabilisierend wirken und andererseits die kindliche Bewertung der
Konfliktsituationen beeinflussen und das Durchstehen einer solch immensen familiären Krise
erleichtern:[32]

— Schutzfaktoren können beispielsweise in Form sozialen Protektivfaktoren wie Großel-
tern, Geschwistern, neue Partner und andere Angehörige wirken. Dabei kann zwischen
familialen Ressourcen wie Verwandte oder externen Ressourcen wie Freunde und
(Sport-)Vereine unterschieden werden.

— Außerdem hat sich gezeigt, dass intellektuelle Fähigkeiten eine adäquate Reflektion der
familiären Situation, der unterschiedlichen Rollen der Beteiligten und deren Verhal-

[30] Vgl. Dietrich/Hermann, S. 16.
[31] Vgl. ebd.
[32] Vgl. ebd. S. 15f.

tensweisen ermöglichen. Dadurch scheint die Gestaltung einer distanzierten Haltung zum elterlichen Konfliktgeschehen leichter möglich zu sein. Schließlich kann durch intellektuelle Fähigkeiten auch die Kompetenz entwickelt werden, mit angemessenen Stressbewältigungsstrategien extreme Belastungsphasen erfolgreich und sogar im Nachhinein gestärkt zu durchlaufen.

9. Interventions- und Beratungsangebote

Für Interventions- und Beratungsangebote stellen hochstrittige Familiensysteme große Herausforderungen dar: Einerseits gibt es bisher nur wenige gesicherte Kenntnisse, wie im Umgang mit hochstrittigen Elternteilen und den betroffenen Kindern umzugehen ist. Andererseits ist die Arbeit mit den hochemotionalisierten und festgefahrenen Konfliktparteien für die Beratungsfachkräfte und anderer fachlicher Akteure immens kräfteraubend.

Die Praxis hat gezeigt, dass der Einbezug von Kindern in Interventionsprogramme bei Scheidungen nach wie vor keine Selbstverständlichkeit darstellt. Und eine Einigkeit darüber, ob ein Einbezug von Kindern grundsätzlich sinnvoll ist, wird unter den fachlichen Akteuren noch immer diskutiert. Dietrich und Hermann verweisen aber mit Nachdruck darauf, dass angesichts der gravierenden Folgen für die Kinder, ihr Einbezug in Interventionsprogramme unabdingbar sei. Inwiefern dieser Einbezug allerdings konkret aussehen soll, müsse anhand intensiver fachlicher Debatten erst eruiert werden.[33]

Die Ergebnisse des Forschungsprogramms „Kinderschutz bei hochstrittiger Elternschaft", konnten allerdings insoweit bereits zeigen, dass die in Einzelangebote eingebundenen Kinder diese Interventionsform als angenehm wahrnahmen. Wohingegen sie Familiensitzungen mit beiden elterlichen Parteien als belastend empfanden, da sie die Gefahr einer Eskalation sahen. Allerdings sahen die durch die elterlichen Konflikte am intensivsten belasteten Kinder sowohl bei Familien-, als auch bei Einzelsitzungen keine positiven Auswirkungen.[34]

Neben der Unsicherheit über Konzepte zum adäquaten Umgang mit den betroffenen Mitgliedern eines hochstrittigen Familiensystems, stehen Beratungs- und Interventionsstellen auch vor zeitlichen, personellen und persönlichen Herausforderungen:[35]

Denn je destruktiver sich das elterliche Konfliktverhalten darstellt, desto mehr Zeit wird für die Erreichung kleiner Schritte benötigt. Eventuell erzielte Erfolge und ihre Dauerhaftigkeit sind häufig nur gering und nicht von hoher Dauer. Schließlich kommt es häufig zu Abbrüchen der Inanspruchnahme des Angebotes Seitens der Eltern. Dabei besteht nach wie vor allem im Interesse des Kindes weiterhin der Bedarf für Beratungsangebote. Die Beratungsfachkräfte sind in diesem Fall angehalten auch weiterhin als Ansprechpartner/-in zur Verfügung zu stehen und dies auch bei den Elternteilen durchzusetzen. Im Sinne einer Unterstützung der betroffenen Kinder raten Dietrich et al. dazu, den Abbau, des von den Kindern empfunde Gefühls der Hilflosigkeit in den Fokus zu rücken. Dabei sollen die kindeseigenen Lösungsversuche aufgegriffen werden sowie dem Kind das Gefühl gegeben werden, gehört zu werden. Darüber hinaus

---

[33] Vgl. Dietrich/Hermann, S. 18.
[34] Vgl. ebd. S. 19.
[35] Vgl. Dietrich et al. S. 27ff.

sollen die Kinder befähigt werden, entlastende Strategien im Umgang mit der elterlichen Hochstrittigkeit anzuwenden.

Insgesamt erfordert die Beratung und Unterstützung von Personen aus hochstrittigen Familiensystemen somit in hohem Maße frustrationstolerante sowie fachlich kompetente und engagierte Mitarbeiter/-innen. Diese müssen darüber hinaus in der Lage sein, flexibel und selbstsicher auf die Klienten/-innen sowie auf veränderte Anforderungen im Umgang mit ihnen zu reagieren. Denn ein standardisiertes Vorgehen in der Beratung von hochstrittigen Akteuren ist nicht möglich.

10. Resümee

Hochstrittige Elternsysteme stellen eine große Belastung für Kinder, für das weitere familiäre Umfeld sowie für involvierte Fachkräfte dar.

Die Belastungen für die Kinder, können so immens werden, dass aufgrund einer Gefährdung des Kindeswohls Maßnahmen ergriffen werden müssen, um das betroffene Kind vor weiteren Entwicklungsbeeinträchtigungen zu wahren.

Nach wie vor haben sich in Deutschland tragfähige Konzepte im Umgang mit hochstrittigen Elternsystemen nicht im erforderlichen Umfang etabliert. Da davon ausgegangen wird, dass die Fälle von Hochstrittigkeit zunehmen und somit die geschätzte Zahl von 30.000[36] Kindern- und Jugendlichen, die jährlich durch hochstrittige Trennungsformen belastet werden, weiter zunimmt, macht die Dringlichkeit von wirksamen Konzepten deutlich.

Anhand der vorliegenden Arbeit konnte aufgezeigt werden, wo Interventionsmöglichkeiten stattfinden könnten. So weisen Eltern bereits im Vorfeld Persönlichkeitseigenschaften auf, die eine Eskalation der Trennungs- und Scheidungsphase begünstigen. Somit könnten bereits präventive Maßnahmen zum Schutz der Familienmitglieder ergriffen werden. Hierzu bedarf es einer erforderlichen Sensibilität und eines entsprechenden Know-hows von an Trennungs- und Scheidungsprozessen beteiligten Berufsgruppen, um die Dynamik einer Konfliktspirale bereits im Vorfeld zu vermeiden. Vor allem Paartherapeuten/-innen, Pastoren/-innen und Pfarrer, sowie Anwälte/-innen, die eventuell noch vor dem Schritt einer Trennung von den betroffenen Paaren konsultiert werden, könnten wirksame Anstöße geben.

Dies ist aber zugegebenermaßen ein sehr anspruchsvoller Wunsch. Denn einerseits fehlt es an zeitlichen, fachlichen und finanziellen Ressourcen, um entsprechende Aufklärungsmaßnahmen zu initiieren und andererseits ist es angesichts der zeitlichen Auslastung der genannten Akteure eher unwahrscheinlich, dass diese entsprechende Maßnahmen innerhalb ihrer Fort- und Weiterbildungsmöglichkeiten priorisieren.

Dennoch bleibt der Wunsch bestehen, dass alle Familienmitglieder, aber besonders die betroffenen Kinder, von einer solch langwierigen und einschneidenden Belastung zukünftig schneller befreit oder ganz verschont werden.

---

[36] Dietrich et al. S. 7.

11. Literatur

Dietrich, Peter S. (2010): Arbeit mit hochkonflikthaften Trennungs- und Scheidungsfamilien. Eine Handreichung für die Praxis. München, Rostock: DJI, Abt. Familie und Familienpolitik; Publ.-Versand der Bundesregierung.

Dietrich, Peter S.; Hermann, Ute (2010): Kinder in Hochkonfliktfamilien-. zwischen Anpassung und Gefährdung. "Erstaunlich, dass man die Hölle so lange überleben kann". Hg. v. Deutsche Gesellschaft für Prävention und Intervention bei Kindesmisshandlung und –vernachlässigung, *13,2* (4-25).

Kindler, Heinz. Was ist unter psychischer Misshandlung zu verstehen? Deutsches Jugendinstitut DJI. Online unter: http://db.dji.de/asd/4.htm (Stand: 20.11.2012)

Fichtner, Jörg; Dietrich, Peter S.; Halatcheva, Maya; Sandner, Eva; Hermann, Ute (2010): Kinderschutz bei hochstrittiger Elternschaft. Wissenschaftlicher Abschlussbericht. 1. Aufl. München: Deutsches Jugendinstitut.

Hermann, Ute: Scheidungsfolgen. Arbeitspapier.

Höfling, Siegfried (Hg.) (2009): Interventions for the best interest of the child in family law procedures. München: Hanns-Seidel-Stiftung, Akad. für Politik und Zeitgeschehen.

Walper, Sabine; Fichtner, Jörg; Normann, Katrin (Hg.) (2011): Hochkonflikthafte Trennungsfamilien. Forschungsergebnisse, Praxiserfahrungen und Hilfen für Scheidungseltern und ihre Kinder. Weinheim, München: Juventa-Verl.

Weber, Matthias; Schilling, Herbert (Hg.) (2012): Eskalierte Elternkonflikte. Beratungsarbeit im Interesse des Kindes bei hoch strittigen Trennungen. 2. Aufl. Weinheim, Basel: Beltz Juventa.